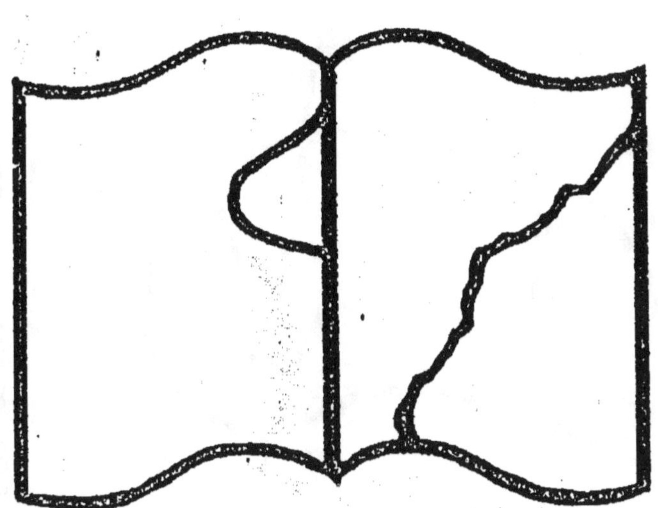

COUVERTURES SUPERIEURE ET INFERIEURE
DETERIOREES

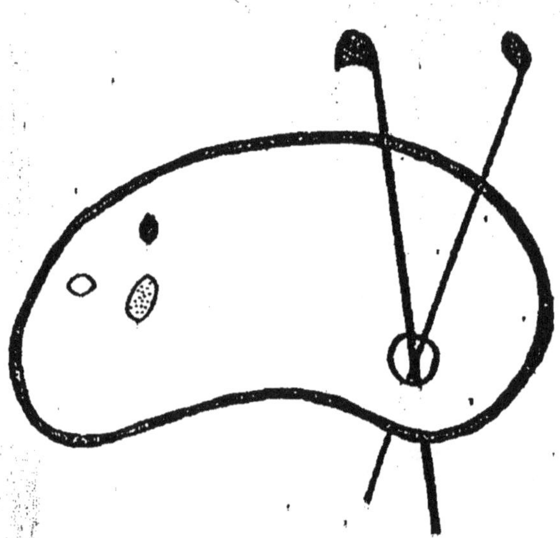

DEBUT D'UNE SERIE DE DOCUMENTS
EN COULEUR

HISTOIRE DU CREDO

Le Symbole des Apôtres

PAR

V. ERMONI

PARIS
LIBRAIRIE BLOUD & Cⁱᵉ
4, RUE MADAME ET RUE DE RENNES, 59
1903

SCIENCE ET RELIGION

Études pour le temps présent. — Prix : 0 fr. 60 le vol.

— Certitudes scientifiques et certitudes philosophiques, par
R. P. DE LA BARRE, S. J., prof. à l'Institut catholique de Paris.   1 v
— *Du même auteur :* L'Ordre de la nature et le Miracle.   1 v
— L'Ame de l'homme, par J. GUIBERT, supérieur du séminaire
l'Institut catholique de Paris.   1 v
— Faut-il une religion ? par l'abbé GUYOT.   1 v
— *Du même auteur :* Pourquoi y a-t-il des hommes qui ne pr
fessent aucune religion ?   1 v
— Nécessité scientifique de l'existence de Dieu, par
COURBET.   1 v
— *Du même auteur :* Jésus-Christ est Dieu,   1 v
      Id.   Convenance scientifique de l'Incarna-
tion.   1 v
— Études sur la pluralité des mondes habités et le dogme
l'Incarnation, par le R. P. ORTOLAN.
  I. — *L'Épanouissement de la vie organique à travers les plaines*
    l'infini,   1 v
  II. — *Soleils et terres célestes,*   1 v
  III. — *Les Humanités astrales et l'Incarnation.*   1 v
— *Du même auteur :* La Fausse Science contemporaine et l
        Mystères d'Outre-tombe.   1 v
      Id.   Vie et Matière ou Matérialisme et spiritu
        lisme en présence de la Cristall
        génie.   1 v
      Id.   Matérialistes et Musiciens,   1 v
— L'Au delà ou la Vie future d'après la foi et la science,
l'abbé J. LAXÉNAIRE.   1 v
— Le Mystère de l'Eucharistie. — Aperçu scientifique,
l'abbé CONSTANT,   1 v
— *Du même auteur :* Le Mal, sa nature, son origine, sa ré
ration.   1 v
— L'Eglise catholique et les Protestants, par O. ROMAIN,   1 v
— *Du même auteur :* L'Inquisition, son rôle religieux, politique
social.   1 v
— Mahomet et son œuvre, par I. L. GONDAL, professeur d'apo
gétique et d'histoire au séminaire Saint-Sulpice.   1 v
— *Du même auteur :* L'Eglise Russe,   1 v
— Christianisme et Bouddhisme (*Études orientales*), par l'ab
THOMAS, vicaire général de Verdun.   2 v
— *Du même auteur :* Dieu auteur de la vie.   1 v
      Id.   La Fin du monde d'après la Foi.   1 v
— Où en est l'hypnotisme, son histoire, sa nature et ses dange
par A. JEANNIARD DU DOT, auteur du *Spiritisme dévoilé.*   1 v
— *Du même auteur :* Où en est le Spiritisme,   1 v
      Id.   L'Hypnotisme et la science catholique. 1 v
      Id.   L'Hypnotisme transcendant en face de
        philosophie chrétienne.   1 v

SAINT-AMAND (CHER). — IMPRIMERIE BUSSIÈRE

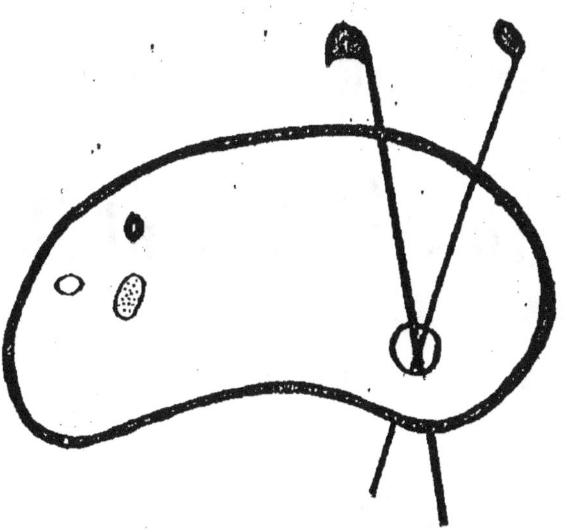

FIN D'UNE SERIE DE DOCUMENTS
EN COULEUR

SCIENCE ET RELIGION
Etudes pour le temps présent

HISTOIRE DU CREDO

Le Symbole des Apôtres

PAR

V. ERMONI

PARIS
LIBRAIRIE BLOUD & Cie
4, RUE MADAME ET RUE DE RENNES, 59
1903

AVANT-PROPOS

Le Symbole des Apôtres est comme la Charte des croyances chrétiennes ; c'est l'abrégé de la Religion que la sollicitude de l'Eglise nous a fait apprendre dans notre enfance, et que nous récitons tous les jours. Il est donc du plus haut intérêt pour les chrétiens de connaître l'histoire de cette Profession de foi, qui exprime toutes les aspirations de leur conscience. Sans doute l'autorité de l'Eglise enseignante nous dévoile les grandes lignes de cette généalogie, et nous en dit assez pour rassurer notre foi ; mais à côté du cadre général, il y a les nuances et les détails sur lesquels il convient d'être fixé. Ce n'est pas tout de savoir que le Symbole nous vient d'une manière générale des Apôtres ; il reste à savoir de quelle manière il en vient ; en d'autres termes, outre le *fait* de la dérivation sur lequel aucun doute n'est possible, il y a le *mode* de dérivation, et sur ce point nous sommes bien loin de posséder la même certitude. Plus d'une difficulté se dresse sur la marche de l'histoire ; et c'est là la raison qui a divisé les érudits eux-mêmes. Mon dessein est d'étudier cette question avec une entière impartialité, et de suivre les règles d'une critique sage mais sévère. En reconstituant, autant qu'il est possible à l'heure actuelle, l'histoire du Symbole, nous pourrons peut-être rendre service aux âmes qui demandent à ce grave Exposé de la foi, lumière, espérance, consolation et force, et qui, précisément pour cette raison, désirent connaître tout ce qui s'y rapporte de près ou de loin. Me sera-t-il permis d'évoquer les agréables moments que j'ai passés dans l'étude d'un tel sujet ? Pendant quelque temps, j'ai comme entendu résonner, au fond de mon être, les lointains échos de l'antiquité chrétienne ; et les harmonieux accents, que j'ai recueillis sur les lèvres du Grec et du Latin, du Romain et du Gaulois, de l'Espagnol et de l'Africain, du Dace et de l'Italien, ont produit dans mon âme une impression d'inexprimable douceur.

CHAPITRE PREMIER

LA SUBSTANCE DU SYMBOLE

I. Le radicalisme critique. — II. Fausseté de cette théorie.

I. — *Le radicalisme critique.*

Certains critiques ont soutenu que le Symbole ne provient nullement des Apôtres. Le fait qui donna l'éveil à la critique et l'orienta dans cette direction remonte au xv° siècle ; un historien contemporain le rappelait il n'y a pas bien longtemps : c'est « à l'occasion de la tentative d'union faite entre l'Église latine et l'Église grecque au concile de Florence. Dès le début des négociations, en 1438, pendant que les Pères siégeaient encore à Ferrare, comme les latins invoquaient l'autorité du *Symbole des Apôtres*, les théologiens grecs, notamment Marcos Eugenicos, archevêque d'Éphèse, s'étonnèrent de cette référence et dirent : « Pour nous, nous n'avons pas et nous ne connaissons pas de *Symbole des Apôtres*. Cette déclaration fut un coup de surprise. Tombée dans le domaine public, elle fut recueillie

et exploitée par le fameux sceptique Laurent Valla,
qui écrivit un libelle, d'ailleurs dépourvu de science
et de critique, contre l'origine apostolique du *Credo*
latin » (1). Ce manifeste fut publié en 1441 ; le
branle était donné ; Réginald Peacock, évêque de
Chichester, se borna, en 1450, à marcher sur les
traces de Valla. En 1647, l'archevêque Jacques
Ussher eut l'honneur d'inaugurer la vraie critique du
sujet ; cette tâche a été continuée dans le siècle qui
vient de finir avec une infatigable patience et une
incomparable sagacité ; il nous appartiendra d'exposer les résultats de cette vaste enquête. Pour le moment, il faut nous arrêter à la thèse de la critique
radicale.

II. — *Fausseté de cette théorie.*

1º *Le Symbole en général.* — La substance du Symbole remonte indéniablement aux Apôtres, et, n'hésitons pas à le dire, à Jésus-Christ lui-même. Ce fait
se dégage avec certitude de toutes les inductions. La
tradition n'a jamais hésité sur ce point : saint Jérôme nous dit : « Dans le Symbole de la foi et de
notre espérance, qui nous vient des Apôtres et qui
n'est pas écrit sur du parchemin et avec de l'encre,
mais sur les tables charnelles du cœur, après la
confession de la Trinité et l'unité de l'Église, tout le

(1) VACANDARD, *Les origines du Symbole des Apôtres,*
dans *Revue des questions historiques,* Octobre 1899, p.
329-330.

sacrement du Dogme chrétien se termine par la résurrection de la chair » (1) ; Nicétas, évêque de Remé-
siana (Dacie), rattache à Jésus-Christ et aux Apôtres
la profession baptismale (*selon la parole du Seigneur et
la tradition des Apôtres*) (2) ; ailleurs il dit que « les
Apôtres ont reçu du Seigneur cette règle de foi » (3) ;
Fulgence de Ruspe (Afrique) s'exprime ainsi : « Le
Symbole de la foi chrétienne a été disposé par les
Apôtres d'une manière sainte, juste et tout à fait
sage selon la règle de vérité » (4). — A côté de ces
textes précis il existe aussi ce qu'on pourrait appeler des allusions plus ou moins transparentes ; ainsi
nous lisons dans saint Léon le Grand : « La confession courte et parfaite du Symbole catholique, qui
contient autant d'articles que le nombre des Apôtres,
a une telle force céleste que toutes les hérésies ne
peuvent être tranchées que par son glaive » (5) ; le
Sacramentaire, dit Gélasien, une compilation qui re-
présente la liturgie romaine du VII⁰ siècle, s'adressant
aux catéchumènes, à propos de la *Traditio Symboli*,
leur tient ce langage : « [Mes] bien-aimés... appro-

(1) *Contr. Joan. Hierosol.*, n. 28 ; P. L., t. XXIII,
col. 380.
(2) *De Spirit. Sancti potent.*, n. 18 ; P. L., t. LII, col.
862.
(3) *Explan. Symb.*, n. 8 ; *ibid.*, col. 870.
(4) *Contr. Fabian.*, [Fragmentum xxxvi] ; P. L., t. LXV,
col. 822-823.
(5) *Epist.* XXXI [à Pulchérie], 4 ; P. L., t. LIV,
col. 794.

chez-vous de Dieu, qui illumine nos esprits ; recevant le Sacrement du Symbole évangélique, inspiré par le Seigneur, institué par les Apôtres, qui contient peu de mots, mais de grands mystères » (1) ; À une époque plus reculée saint Hilaire de Poitiers félicitait en ces termes les évêques de la Gaule : « Au milieu de ces [troubles], vous êtes heureux et glorieux dans le Seigneur, ô vous qui, conservant par la profession de la conscience la foi parfaite et apostolique, ne connaissez pas encore des fois écrites [= des formules écrites] » (2).

2° *Le Symbole romain.* — Non seulement la tradition a rattaché aux Apôtres le Symbole en général, mais elle a précisé davantage, et leur a attribué ce qu'on est convenu d'appeler le « Symbole romain ». La lettre du concile de Milan au pape Sirice est formelle sur ce point : « Si l'on ne croit pas, dit-elle, aux doctrines des prêtres, que l'on croie du moins au Symbole des Apôtres que l'Église romaine conserve inaltéré » (3) ; Vigile de Tapse reconnaissait également que l'Église romaine avait reçu des Apôtres son Symbole baptismal (4). Ces derniers détails ne manquent pas d'intérêt pour la Théologie historique ;

(1) P. L., t. LXXIV, col. 1088-1089.
(2) *De Synod.*, n. 63 ; P. L., t. X, col. 523. — On peut voir aussi le témoignage de PRISCILLIEN, *Tract. III*, édit. SCHEPSS (Vienne, 1889), dans le *Corp. Script. eccl. lat.*, t. XVIII, p. 40.
(3) *Epist. XLII*, 5 ; P. L., t. XVI, col. 1125.
(4) *Contr. Eutych.*, IV, 1 ; P. L., t. LXII, col. 119.

ainsi nous voyons que lorsqu'on se demande quel est le Symbole qui provient des Apôtres, on se prononce pour celui de l'Eglise mère de toutes les Eglises ; c'est là qu'on cherche comme d'instinct toutes les survivances, toutes les Institutions apostoliques. Cette Eglise est l'incorruptible gardienne de tout ce que les Apôtres ont établi.

D'ailleurs, au-dessus de la tradition, il y a le Nouveau Testament et les témoins apostoliques ; c'est là qu'on trouve ce qu'on pourrait appeler la première couche ou le germe du Symbole. Ce point mérite d'être traité à part. Nous allons donc recueillir les éléments du *Credo* dans la littérature primitive, afin de montrer ses plus lointaines origines.

CHAPITRE II

LES ÉLÉMENTS DU SYMBOLE AUX TEMPS APOSTOLIQUES

I. Le Nouveau Testament.'— II. Les Pères apostoliques.

I. — *Le Nouveau Testament.*

Le Nouveau Testament contient des éléments multiples qu'il importe de classer et de mettre en lumière. La critique interne en a dégagé surtout trois : une forme de doctrine, les textes, et les types de prédication.

1° *La forme de doctrine.* — C'est saint Paul qui nous parle, Rom., vi, 17, de cette forme d'enseignement : τύπος διδαχῆς. Il dit aux Romains : « Grâces soient rendues à Dieu de ce que, après avoir été esclaves du péché, vous avez obéi de cœur à la *forme de doctrine* dans laquelle vous avez été instruits ». En quoi consistait cette règle de doctrine ? Autant qu'il nous est permis de le déterminer, ses principaux objets étaient : le crucifiement et la résurrection de Jésus, le repentir et la nécessité du baptême pour la rémission des péchés, la foi en Jésus et la profession de cette foi : « Si tu confesses de ta bouche le Seigneur Jésus, et si tu crois dans ton cœur que Dieu l'a ressuscité d'entre les morts, tu seras sauvé. Car c'est en croyant du cœur qu'on parvient à la justice, et c'est en confessant de la bouche qu'on parvient au salut » ; *ibid.*, x, 9-10. C'était là l'enseignement populaire, celui que les Apôtres distribuaient aux foules pour les ramener à la nouvelle religion. En s'appuyant sur I Cor., i, 2, on peut même affirmer, avec un auteur contemporain (1), que « la croix est comme le résumé de l'histoire évangélique », et, ajouterons-nous, l'idée centrale de la prédication apostolique. Un crucifix satirique découvert en 1857 au Palatin, aujourd'hui au musée Kircher à Rome, accrédite cette vue ; il porte une inscription grecque, dont la traduction est : « Alexaménos adore Dieu » (2).

2° *Les Textes* (3). — *a) L'Évangile.* — Le texte capital fourni par l'Évangile c'est la formule baptismale sur laquelle nous reviendrons plus loin. Après sa résurrection Jésus apparaît aux onze disciples en Galilée et leur dit, Matth., xxviii, 19 : « Allez, instruisez toutes les nations, baptisez-les au nom du Père, du Fils et du Saint-Esprit » (4). La formule

____

(1) Zahn, *op. cit.*, p. 101. Cette indication renvoie à la bibliographie, p. 62-63.

(2) Cf. Kraus, *Histoire de l'Église*, trad. franç. par Godet et Verschaffel, t. I, p. 118.

(3) Je suis l'ordre des livres sans me préoccuper de leur date.

(4) Nous croyons inutile de discuter ici les variantes

trinitaire de Matthieu, sans être peut-être exclusive, doit être néanmoins regardée comme la formule-type ; c'est celle qui fut en définitive adoptée par la tradition. La *Didachè* la reproduit : « En ce qui concerne le baptême, baptisez ainsi : ayant d'abord dit toutes ces choses, baptisez au nom du Père et du Fils et du Saint-Esprit dans l'eau vivante » (1). Saint Justin atteste également, vers 150, l'usage de la même formule : le baptême est administré « au nom du Père de toutes choses, et de Jésus–Christ, Notre-Seigneur et notre Sauveur, et du Saint-Esprit » (2).

b) Les *Actes des Apôtres* contiennent d'excellents éléments. Saint Pierre déclare que [David] « a prévu et annoncé la résurrection du Christ, en disant qu'il ne serait pas abandonné dans le séjour des morts et que sa chair ne verrait pas la corruption. C'est ce Jésus que Dieu *a ressuscité* ; nous en sommes tous témoins. Exalté par la droite de Dieu, il a reçu du Père la promesse du Saint-Esprit, et il a répandu [cet Esprit] que maintenant vous voyez, et entendez » (3).

c) Les *Épîtres paulines* nous fournissent d'abon-

des autres formules : Act., ii, 38 ; viii, 16 ; x, 48 ; xix, 5 ; Rom., vi, 3 ; Gal., iii, 27. — Cf. aussi I Cor., i, 12-15.

(1) vii, 2. — ix, 5, la formule est abrégée : « Que personne ne mange ni ne boive de votre Eucharistie, si ce n'est ceux qui ont été baptisés dans le nom du Seigneur ».

(2) *Apol. I,* n. 61 ; P. G., t. VI, col. 420.

(3) ii, 31-33.

dantes instructions : nous avons déjà cité Rom., x, 9, où il est question du Seigneur Jésus *ressuscité* par Dieu *d'entre les morts*. — I Cor. 1, 3, souhaite la grâce et la paix par Dieu le Père et le Seigneur Jésus-Christ ; *ibid.*, viii, 6, nous enseigne qu'il n'y a qu'un *seul* Dieu, de qui viennent toutes choses et un *seul* Seigneur, Jésus-Christ, par qui sont toutes choses ; xii, 3ª-6 esquisse en termes précis le cadre trinitaire ; nous y lisons que « nul ne peut dire que Jésus est le Seigneur, si ce n'est par le Saint-Esprit. — Il y a diversité de dons, mais le même Esprit ; diversité de ministères, mais le même Seigneur ; diversité d'opérations, mais le même Dieu qui opère tout en tous ». — Cette même pensée est formulée dans la Doxologie de II Cor., xiii, 13 : « Que la grâce du Seigneur Jésus, la charité de Dieu et la communication du Saint-Esprit soient avec vous tous ». — Dans Gal., vi, 14, Paul nous déclare expressément qu'il ne veut se glorifier que dans la croix de Notre-Seigneur Jésus-Christ. — Éphes., i, 17, Dieu est dit : « Père de la gloire » (ὁ πατὴρ τῆς δόξης) ; 20-23 contient un enseignement plus développé sur Jésus-Christ : Dieu l'a ressuscité d'entre les morts et l'a fait asseoir à sa droite dans les cieux, au-dessus de toute domination, de toute autorité, de toute puissance, de toute dignité et de tout nom qui se peut nommer non seulement dans le siècle présent, mais encore dans [le siècle] à venir. Il a tout mis sous ses pieds et il l'a donné pour chef suprême à l'Église, qui est son corps, la plénitude de celui qui remplit tout en tous ; *ibid.*, iv, 4ª-6, l'auteur nous dit qu'il n'y a qu'un corps et un esprit…, qu'un Seigneur, qu'une foi et qu'un baptême, qu'un Dieu, Père de tous, qui est au-dessus de tous et par tous et en tous. — Le fragment Phil., ii, 5-11 est très instructif : 6, Jésus-Christ est égal à Dieu ; 7, il s'est abaissé jusqu'à prendre la nature humaine ; 8, il a subi la mort de la croix (1) ; 9, Dieu l'a exalté ; 11, toute langue doit confesser que le Seigneur Jésus-Christ [est] dans la gloire de Dieu le Père. — Col., I, 3, souhaite la grâce et la paix de la part de Dieu le Père et du Seigneur Jésus-Christ ; on y rend grâces à Dieu, le Père de Jésus-Christ ; *ibid.*, 14, nous avons en Jésus la rédemption, la rémission des péchés ; 20 [Dieu] a tout réconcilié par Jésus-Christ, il a établi la paix par le sang de sa croix ; 21-22ᵃ, ceux qui étaient autrefois ennemis sont maintenant réconciliés dans le corps de sa chair par sa mort. — Les *Pastorales* apportent leur contingent d'informations ; I Tim., vi, 12ᵃ, nous parle d'une bonne confession (καλὴ ὁμολογία) ; c'est celle, 13ᵇ, que fit Jésus devant Pilate ; cette Épître nous fournit trois données : 13, Dieu qui vivifie tout, — Jésus-Christ, qui rendit témoignage sous Ponce-Pilate, — 14ᵇ, l'apparition de Notre Seigneur Jésus-Christ. — II Tim., 8, rappelle le souvenir de Jésus-Christ ressuscité d'entre les morts, de la race de David ; *ibid.*, iv, 1, Paul rend témoignage devant Dieu et Jésus Christ, qui jugera les vivants et les morts (2).

(1) Cf. Hebr., ii, 9.
(1) Cf. *ibid.*, ꝟ. 8ᵉ.

d) L'*Epître aux Hébreux* nous dit, IV, 14, que le grand Pontife, Jésus le Fils de Dieu, a pénétré dans les cieux, et nous recommande de demeurer fermes dans la confession.

e) Les *Epîtres johannines.* — Elles nous fournissent deux indications : I JOA., IV, 15, s'exprime ainsi : «Celui qui aura confessé que Jésus-Christ est le Fils de Dieu, Dieu demeure en lui et lui en Dieu » ; *ibid.*, v, 5, demande : « Qui est celui qui triomphe du monde sinon celui qui croit que Jésus est le Fils de Dieu ». De ce dernier passage il faut rapprocher la profession de foi que saint Philippe exigea, avant la collation du baptême, de l'eunuque de Candace, reine des Ethiopiens : « Je crois que Jésus-Christ est le fils de Dieu » (1).

3° *Les types de prédication.* — Ad. Harnack a étudié cette question ; il distingue six types de prédication : *a) sous forme de récit*, comme MARC, XVI, 9-20 ; *b) sous forme de récit avec preuves*, I COR., XV ; *c)* la prédication représentée comme *l'accomplissement d'une prophétie*, II PETR., 1, 19 ; *d)* le thème de la prédication est *l'antithèse entre la chair et l'esprit*, I PETR., III, 18 ; après avoir parlé des souffrances du Christ pour les péchés du monde, du Juste pour l'injuste, l'auteur fait ressortir le contraste entre la mort dans la chair et la résurrection dans l'esprit, s'occupe, 20, du salut de la famille de Noé dans l'arche, qui est la figure du baptême, et ter-

____

(1) ACT., VIII, 37. Nous citons la version latine qui a bien son autorité.

mine en déclarant, 21-22, que le baptême n'est pas tant « la purification des souillures du corps que le témoignage d'une bonne conscience envers Dieu par la résurrection de Jésus-Christ, qui est à la droite de Dieu, étant allé au ciel, et les anges, les autorités et les puissances lui étant soumis » ; *e*) le thème de la prédication est calqué sur l'idée du *premier et du second avènement*, II Tim., IV, 1 ; *f*) le moule est : *monter-descendre*, Ephés., IV, 9 ; « Or, que signifie : *il est monté*, sinon qu'il est aussi *descendu* dans les régions inférieures de la terre ? »

II. — *Les Pères Apostoliques.*

Les écrits des Pères apostoliques renferment un grand nombre des éléments constitutifs du Symbole. Nous nous bornerons à citer les passages qui ont une réelle importance et une indiscutable signification.

Saint Clément de Rome affirme sa foi explicite en la trinité des Personnes ; on peut dire qu'il dessine clairement le cadre trinitaire, qui est le noyau du *Credo* : « N'avons-nous pas, dit-il, un Dieu et un Christ et un Esprit de grâce, qui a été répandu sur nous ? » (1), et plus loin : « Dieu vit et le Seigneur Jésus-Christ vit et le Saint-Esprit et la foi et l'espérance des élus. » (2).

Les renseignements d'Ignace d'Antioche sont

(1) *I Clementis*, xLVI, 6.
(2) *Ibid.*, LVIII, 2

encore plus abondants. Dans sa lettre aux Ephésiens
il parle ainsi : « Mon esprit de la croix est un rebut ;
c'est un scandale pour les infidèles, mais pour nous
c'est le salut et la vie éternelle. Où est le sage ? Où
l'investigateur ? (1) Où l'orgueil de ceux qui sont
dits prudents ? Notre Dieu, Jésus le Christ, fut conçu
par Marie selon l'économie de Dieu, de la race de
David, mais aussi de l'Esprit-Saint ; il naquit et
fut baptisé afin de purifier l'eau par sa passion (2) ;
la lettre aux Tralliens dit : « Soyez sourds lorsque
quelqu'un vous parle sans Jésus-Christ, qui [fut]
de la race de David, qui [fut] de Marie, qui naquit
véritab'ement, mangea et but, fut véritablement
persécuté sous Ponce Pilate, fut véritablement crucifié et mourut, à la vue de ceux qui sont au ciel, de
ceux qui sont sur la terre et de ceux qui sont sous
la terre ; qui fut véritablement ressuscité d'entre les
morts, son Père l'ayant ressuscité ; de la même façon
il nous ressuscitera, nous qui croyons en lui, son
Père [nous ressuscitera, dis-je] en Jésus-Christ, en
dehors de qui nous n'avons pas de vraie vie » (3) ;
la lettre aux Smyrniens s'exprime ainsi : « Je loue
Jésus-Christ, le Dieu, qui vous a ainsi rendus sages ;
car j'ai pensé que vous êtes établis dans une foi
immuable, comme si vous étiez cloués à la croix du
Seigneur Jésus-Christ, en chair et en esprit, et
comme fondés en la charité, dans le sang du Christ,

(1) I Cor., i, 20.
(2) xviii.
(3) ix.

comme garantis dans notre Seigneur, qui est véritablement de la race de David selon la chair, mais Fils de Dieu selon la volonté et la puissance de Dieu, étant véritablement né de la Vierge, ayant été baptisé par Jean, afin que par lui s'accomplisse toute justice (1) ; il a été véritablement cloué en chair pour nous sous Ponce Pilate et Hérode tétrarque..... afin d'élever un signe dans les siècles par sa résurrection pour ses saints et ses fidèles, soit parmi les Juifs soit parmi les Gentils, dans un corps de son Eglise » (2).

Arrêtons-nous à Polycarpe ; dans un premier passage le saint martyr insiste sur la résurrection de Jésus-Christ : « C'est pourquoi, ayant ceint les reins de votre entendement (3) servez Dieu avec crainte (4) et en vérité... croyant en Celui qui a ressuscité notre Seigneur Jésus-Christ d'entre les morts et qui lui donne gloire et un trône à sa droite ; à qui il a soumis tout ce qui est au ciel et sur la terre, à qui tout esprit rend un culte, qui viendra comme juge des vivants et des morts, etc. » (5) ; un autre passage rappelle la nécessité de confesser Jésus-Christ et sa croix : « Quiconque ne confesse pas que Jésus-Christ est venu dans la chair, est un Antichrist (6) ; et celui

(1) Matth., III, 15.
(2) I. Cf. aussi Magn., XIII.
(3) I Petr., I, 13
(4) Cf. Ps., II, 11.
(5) Philip., II, 1.
(6) Cf. II Joa., 7.

qui ne confesse pas le martyre de la croix, est du diable » (1).

A ces témoignages des Pères apostoliques on nous permettra d'ajouter un passage de la *Didachè* : « Nous te rendons grâces, Père saint... pour la science et la foi et l'immortalité, que tu nous as fait connaître par Jésus ton serviteur » (2).

A l'aide de tous ces éléments primitifs, Harnack a essayé de reconstruire le plus ancien *Credo* : nous donnons cette reconstruction à titre de simple hypothèse.

Je crois en (un) Dieu tout-puissant, — et en Jésus-Christ, son Fils, Notre-Seigneur, né par, διὰ (de, ἐκ) la Vierge, qui a souffert sous Ponce Pilate (a été crucifié), est ressuscité (d'entre les morts), est assis à la droite de Dieu, d'où (dans la gloire) il viendra juger les vivants et les morts, — et au Saint-Esprit (3).

(1) Philip., vii, 1.
(2) x, 2.
(3) Cf. Burn, *An Introd.*, p. 8-32.

CHAPITRE III

LE VIEUX SYMBOLE ROMAIN

I. Les formules. — II. La date.

I. *Les Formules.*

Le « vieux Symbole romain » nous est parvenu dans un groupe de formules, identiques quant au fond, et qui ne présentent que des variantes accidentelles.

Nous allons transcrire ces formules, en laissant de côté celle de Rufin qui trouvera sa place naturelle à un autre endroit; nous suivrons l'ordre chronologique ascendant.

1° *Formule de Marcel d'Ancyre (vers 341)(1).*

I. [1] (2) Je crois en Dieu tout puissant } 1re Personne

(1) Je transcris la traduction des formules grecques et latines car la destination de ce travail ne me paraît pas exiger la transcription du texte grec et latin.

(2) Inutile de faire observer que je mets le numéro-

II. [2] Et en Jésus-Christ son Fils Unique,
    Notre-Seigneur,
  [3] qui est né du Saint-Esprit et de la
    Vierge Marie,
  [4] a été crucifié et enseveli sous Ponce
    Pilate,
  [5] est ressuscité le troisième jour d'entre
    les morts,
  [6] est monté aux cieux,
  [7] est assis à la droite du Père,
  [8] d'où il viendra juger les vivants et
    les morts ;

} 2° Personne

III. [9] Et [je crois] au Saint-Esprit,

} 3° Personne

  [10] à la sainte Église,
  [11] à la rémission des péchés,
  [12] à la résurrection de la chair
    [à la vie éternelle] (1).

2° *Formule de Novatien* (vers 250).
[La règle de vérité exige qu'avant tout]
I. [1] Nous croyions en Dieu, Père et *Seigneur* tout
    puissant ;.....

II. [2] au Fils de Dieu, Jésus-Christ, le Seigneur,
    notre *Dieu*, mais Fils de Dieu,
  [3] de Marie,
  [4] . . . .

tage des articles pour la commodité du lecteur, car les
articles ne sont pas numérotés dans le texte.

(1) Saint Epiphane, *Hæres.* LXXII, 3 ; P. G., t. XLII,
col. 385, 388.

[5] qui ressuscitera d'entre les morts,
[6] . . . . ;
[7] sera assis à la droite du Père,
[8] juge de tous ;.....

III. [9] au Saint-Esprit,
 [10] à l'Eglise . . . . . . de vérité par la sainteté,
 [11] à la résurrection . . . . [qui]
 [12] manifestera nos corps (1).

3° *Formule de Denis de Rome* (vers 259-268)

I. [1] En Dieu, Père tout puissant ;

II. [2] Et en Jésus-Christ, son Fils ;

III. [3] Et au Saint-Esprit (2).

4° *Les fragments de saint Cyprien* (vers 255).

« Crois-tu à la rémission des péchés et à la vie éternelle par la sainte Eglise ? » (3).

« Crois-tu à la vie éternelle et à la rémission des péchés par la sainte Eglise ? » (4).

5° *Formules de Tertullien* (vers 200).

Tertullien nous a laissé quatre formules :

______

(1) *De Trinit.* ; P. L., t. III, col. 913-982. Cf. CASPARI, III, 462, cité dans BURN, p. 48.

(2) Saint ATHANASE, *De decretis nic. Synod.*, n. 26 ; P. G., t. XXV, col. 405.

(3) *Epist.* LXIX ; cf. BURN, p. 48.

(4) *Epist.* LXX ; cf. BURN, p. 48.

A.

[C'est la règle de foi....., par laquelle]
I. [1] On croit qu'il y a un seul Dieu, et qu'il n'y a
pas d'autre Dieu en dehors du Créateur du
monde (1).

II. [2] son Fils ......
[3] porté par l'Esprit et la vertu de Dieu le Père
dans la Vierge Marie ......, et né d'Elle
(J.-C.).
[4] attaché à la croix,
[5] ressuscité le troisième jour,
[6] élevé au ciel,
[7] et assis à la droite du Père ....,
[8] (il) viendra ....., juger les profanes;

III. [9] ....
[10] ....
[11] ....
[12 avec la restitution de la chair (2).

B.

[Voyons ce que (l'Eglise romaine) enseigne avec
les églises africaines.]
I. [1] Elle reconnaît un seul Dieu créateur de l'univer-
salité [des choses],

(1) Qui a produit tout du néant par son Verbe....., ce
Verbe qui est appelé son Fils. Cf. JEAN, I, 1, et le *Pasteur*
d'HERMAS, *Mand. I.*
(2) *De Præscript.*, c. 13 ; P. L., t. II, col. 26-27.

II. [2] et le Christ Jésus,
   [3] de la Vierge Marie, Fils du Dieu Créateur,
   [4] . . . .
   [5] . . . .
   [6] . . . .
   [7] . . . .
   [8] . . . .

III. [9] . . . .
  [10] . . . .
  [11] . . . .
  [12] et la résurrection de la chair (1).

C.

I. [1] Nous croyons en un seul Dieu . . . . . .

II. [2] au Fils Unique de Dieu . . . . Jésus-Christ,
   [3] né de la [Vierge],
   [4] (qui) a souffert, est mort, a été enseveli . . .
   [5] est ressuscité,
   [6] est retourné aux cieux,
   [7] est assis à la droite du Père,
   [8] et il viendra juger les vivants et les morts. . . . .

III. [9] au Saint-Esprit.
(Sanctificateur de la foi de ceux qui croient au Père,
au Fils et au Saint-Esprit. Cette règle a été en vigueur
depuis le commencement de l'Évangile) (2).

D.

[La règle de foi est absolument une . . . . . .]
I. [1] (Elle consiste à) croire en un seul Dieu tout
     puissant, Créateur du monde,

(1) *Ibid.*, c. 36, col. 49.
(2) *Adv. Praxeam*, c. 2 ; P. L., t. II, col. 156-157.

II. [2] et à son Fils Jésus-Christ,
    [3] né de la Vierge Marie,
    [4] (qui a été) crucifié sous Ponce Pilate,
    [5] est ressuscité le troisième jour d'entre les
        morts,
    [6] est monté au cieux,
    [7] est assis maintenant à la droite du Père,
    [8] (et) viendra juger les vivants et les morts.....

III. [9] . . . .
    [10] . . . .
    [11] . . . .
    [12] par la résurrection de la chair (1).

II. — *La Date.*

Toutes ces formules, comme on peut s'en convaincre par une simple comparaison, ne sont que l'expression d'un même type : R (2). Quelle date peut-on assigner au vieux Symbole romain ? Les auteurs ne sont pas d'accord, car la solution de cette question dépend en grande partie de l'opinion que l'on adopte sur l'origine de R, et ces divergences d'opinion existent aussi bien chez les catholiques que chez les protestants. Occupons-nous d'abord du groupe catholique : en 1893, le Séminaire historique de Louvain s'occupa de l'origine du *Credo* et con-

(1) *De virgin. veland.* (période montaniste de Tertullien), c. 1; P. L., t. II, col. 889. Cf. BURN, p. 46, 50.

(2) Les érudits désignent par R le [vieux texte] Romain.

clut que R doit dater du temps de saint Clément
de Rome (88-97 ?) ; Mgr Batiffol pense qu' « on peut
conjecturer que le symbole romain est au moins
contemporain de saint Justin et de saint Irénée » (1) ;
M. Vacandard enseigne que R existait sûrement dans
la seconde moitié du IIe siècle, mais il croit en même
temps que l'opinion qui en fait remonter l'origine
aux environs de 100-120, quoique soutenable, paraît un peu hasardée ; le P. Semeria soutient que le
Credo fut composé à Rome vers 240 par un auteur
anonyme (2) ; M. O. Voisin formule ainsi sa thèse :
« Il reste donc vrai que le symbole romain remonte
à tout le moins au début du IIe siècle et qu'on ne
saurait dire avec certitude à quelle date précise il
fut composé. Cependant, il est, non pas certain, mais
probable, qu'il a les apôtres Pierre et Paul pour
auteurs » (3). — Passons au groupe protestant :

(1) *Dictionnaire de théologie catholique* de VACANT-MAN-
GENOT, t. I, col. 1673. — Pour les éléments du Symbole
de JUSTIN, cf. *Apol. I*, nn. 13, 21, 31, 42, 46; *Dial., cum
Tryph.*, nn. 63, 85, 126, 132 ; P. G., t. VI, col. 345, 348,
360, 377, 392, 397, 400, 620, 676, 709, 781, 784 ; voir
dans BURN, p. 39-40, le Symbole reconstruit par BORNE-
MANN avec des expressions empruntées à saint Justin. —
Pour les éléments du Symbole d'IRÉNÉE, cf. *Adv. hæres.*,
I, 10¹ ; P. G., t. VII, col. 549, 552 ; EUSÈBE, H. E., V,
20².

(2) *Op. cit.*, 324 ; et *Il Credo*, dans *Studi Religiosi*, t. II
(1902), p. 1-21.

(3) *L'Origine du Symbole des Apôtres*, dans *Revue d'histoire ecclésiastique*, 15 avril 1902, p. 316.

Zahn pense que le Symbole fut composé par les Apôtres avant leur séparation ; le noyau remonterait donc à l'an 55 ou 56 ; mais entre les années 90-120, il aurait subi certains changements exigés par les circonstances ; ces changements eurent lieu dans un centre important, tel que Rome, Smyrne ou Ephèse. Cette théorie ultra-conservatrice se trouve réfutée par ce que nous avons dit dans le chapitre Ier ; il faut en dire autant du sentiment de Caspari, suivant lequel le *Credo* primitif émanerait des cercles de saint Jean en Asie-Mineure, au temps des apôtres ou immédiatement après. Pour Hanarck, le Symbole a été composé à Rome vers le milieu du IIe siècle ; Kattenbusch et Burn en placent aussi l'origine à Rome, mais vers 100-120. On voit que ce point est en somme très difficile à déterminer ; le lieu de composition (Rome), peut être regardé comme à peu près certain ; quant à la date, comme le Symbole dérive de la formule baptismale, nous serions personnellement porté à nous prononcer pour la fin du Ier siècle.

CHAPITRE IV

LE VIEUX SYMBOLE ROMAIN ET LA FORMULE BAPTISMALE.

I. — La tradition du Symbole. — II. La reddition du Symbole.

On a pu constater, d'après les formules que nous avons transcrites, que tous les articles du Symbole se divisent en trois groupes correspondant aux trois Personnes de la sainte Trinité. Ce n'est pas là ure simple coïncidence, mais la preuve la plus évidente que le Symbole n'est en définitive que l'amplification de la formule baptismale prescrite par le Sauveur (1); il est sorti de cette formule comme l'arbre sort du germe, et, après en être sorti, il est allé aussi se développant comme l'arbre. Pour mieux saisir les attaches du Symbole et de la Formule baptismale, il faut nous arrêter sur les deux rites qui, dans l'antiquité, constituaient la cérémonie de l'administration du baptême aux catéchumènes : la *Traditio Symboli* et la *Reddito Symboli.*

(1) Matth., xxviii, 29.

I. — *La Tradition du Symbole*

Tout le monde sait que dans les premiers siècles le Baptême était conféré aux adultes ; cette importante cérémonie, qui incorporait de nouveaux membres à l'Eglise, était précédée d'une initiation aux vérités chrétiennes, d'une préparation analogue à celle de nos enfants à la première communion ; on instruisait le néophyte des vérités fondamentales de la Religion qu'il allait embrasser ; après un certain temps, on initiait officiellement le néophyte au Symbole, on lui « livrait le Symbole » ; c'est la *Traditio Symboli* ; au vii⁰ siècle les séances préparatoires au baptême étaient au nombre de sept ; c'est le troisième jour qu'avait lieu la « Tradition du Symbole » (1) ; à Rome, où l'on parlait les deux langues, grecque et latine, la Formule du Symbole existait en deux langues ; les cathéchumènes étaient divisés en deux groupes, et chaque groupe la recevait en sa propre langue : « Après la tradition de l'Evangile venait celle du Symbole. Elle était encore précédée et suivie d'une allocution du prêtre. Aux temps byzantins, on se servait de la formule de Nicée-Constantinople et l'on avait même l'attention de la réciter d'abord en grec, puis en latin. La population de Rome était alors bilingue : les catéchumènes se groupaient, pour cette lecture, suivant leur langue. Chaque groupe était présenté séparément au prêtre

(1) Cf. Duchesne, *Origines du culte chrétien*, 2ᵉ édit., p. 287-289, 307, 317, 500.

par l'acolyte chargé de cette fonction. Le prêtre demandait : *Qua lingua confitentur dominum nostrum Iesum Christum ?* (1). L'acolyte répondait *Græce*, ou *Latine* (2), et le prêtre l'invitait à leur enseigner, dans leur langue, la formule de foi.

« Il n'est pas douteux que la formule primitivement employée à Rome n'ait été celle du Symbole des Apôtres qui est, à proprement parler, le Symbole romain. C'est le Symbole des Apôtres qui est expliqué dans les sermons de saint Augustin relatifs à cette cérémonie » (3).

II. — *La Reddition du Symbole.*

Cette cérémonie avait lieu le Samedi saint, vigile de Pâques et de l'administration solennelle du Baptême. Après le triple « renoncement à Satan, à ses œuvres et à ses pompes », le néophyte montait sur un lieu élevé (4), et devant tout le peuple il récitait à haute voix la profession de foi ; c'était « rendre le Symbole » (*Redditio Symboli*) (5). Le baptême était administré la nuit entre le Samedi saint et le Dimanche de Pâques ; après que l'eau avait été consacrée par

(1) *En quelle langue confessent-ils Notre-Seigneur Jésus-Christ ?*

(2) *En grec,* ou *en latin.*

(3) Cf. DUCHESNE, *op. cit.*, p. 290-291.

(4) Du moins au temps de saint Augustin ; *Confes.*, VIII, 2⁵ (à propos du baptême de Victorinus) ; P. L. t. XXXII, col. 751.

(5) Cf. DUCHESNE, *op. cit.*, p. 293, 308, 317, 513.

l'infusion du saint chrême, les catéchumènes s'avançaient vers la piscine. A Rome, l'archidiacre les présentait l'un après l'autre au Pape, lequel leur adressait les trois demandes qui résument le Symbole :

Crois-tu en Dieu, le Père tout-puissant ?

Crois-tu aussi en Jésus-Christ, son Fils Unique, Notre-Seigneur, qui est né et a souffert ?

Crois-tu aussi au Saint-Esprit, à la sainte Église, à la rémission des péchés, à la résurrection de la chair ?

Après sa réponse affirmative, le catéchumène était plongé trois fois dans la piscine, tandis que le Pontife disait : « Je te baptise au nom du Père et du Fils et du Saint-Esprit ».

Pour mettre mieux en relief l'enchaînement entre le Symbole et la formule baptismale, nous croyons utile de transcrire ici un passage d'un manuscrit du Missel ambrosien, conservé à l'Ambrosienne de Milan sous la côte : 24 A *bis. inf.* Ce manuscrit date du IX⁰ siècle, mais, au dire du Mᵍʳ A. Ceriani, il reflète fidèlement la plus ancienne tradition milanaise et nous reporte au moins au V⁰ siècle.

Après la bénédiction de l'eau, il faut y verser le saint Chrême ; le prêtre et le diacre pénètrent alors dans les fonts baptismaux ; le prêtre qui a béni les fonts demande :

— Qu'êtes-vous venus faire ? (c'est-à-dire : pourquoi êtes venus ?)

R. — Pour être baptisés. — Et le prêtre dit : « Allez, baptisez au nom du Père, et du Fils et du Saint-Esprit ».

L'interrogation sur le Symbole.

D. — Croyez-vous en Dieu, Père tout-puissant, *Créateur du ciel et de la terre ?*

R. — Nous croyons.

D. — Et en Jésus-Christ son Fils Unique, Notre-Seigneur, qui est né et a souffert ?

R. — Nous croyons.

D. — Croyez-vous aussi au Saint-Esprit, à la sainte Eglise *catholique,* à la rémission des péchés, à la résurrection de la chair *et à la vie éternelle.*

R. — Nous croyons.

CHAPITRE V

LES DEUX TEXTES DU SYMBOLE

Le Symbole des Apôtres nous est présentement
connu sous deux recensions, qui ont entre elles
quelques différences : l'ancien Texte romain (R), et
le Texte reçu (T), celui que nous employons aujour-
d'hui dans la liturgie, et que beaucoup d'auteurs
regardent comme d'origine gallicane, d'où la déno-
mination de « Texte gallican » qu'il porte également (1). Pour qu'on puisse saisir leurs ressemblances,
et leurs différences, il faut les juxtaposer ici.

(1) Les auteurs ne sont pas d'accord sur le lieu d'ori-
gine de T ; M. Vacandard pense qu'il vit le jour en
France, vers la fin du viie siècle, d'où il aurait émigré à
Rome ; Hahn le fait naître dans quelque Eglise de la
Haute Italie ; enfin Burn se prononce pour Rome.

TEXTE ANCIEN (R) (1).	TEXTE REÇU (T).
I. [1] Je crois en Dieu, Père tout-puissant ;	[1] Je crois en Dieu, Père tout puissant [*Créateur du ciel et de la terre*],
II. [2] et en Jésus-Christ son Fils Unique, Notre-Seigneur,	[2] et en Jésus-Christ son Fils Unique Notre-Seigneur,
[3] qui est né du Saint-Esprit, de la Vierge Marie,	[3] qui [*a été conçu*] du Saint-Esprit], est né de la Vierge Marie,
[4] a été crucifié sous Ponce Pilate, et a été enseveli,	[4] [*a souffert*] sous Ponce Pilate, a été crucifié, [*est mort*], a été enseveli ; [EST DESCENDU AUX ENFERS]
[5] est ressuscité le troisième jour d'entre les morts,	[5] est ressuscité le troisième jour d'entre les morts,
[6] est monté dans (in) les cieux,	[6] est monté aux (ad) cieux,
[7] est assis à la droite du Père,	[7] est assis à la droite [*de Dieu*] le Père,
[8] d'où il viendra ju-	[8] d'où il viendra ju-

(1) J'écris en italiques les simples variantes et en petites capitales ce qu'on pourrait appeler trois articles ou nouvelles sentences ; ces deux groupes de différences sont entre crochets.

<table>
<tr><td>

ger les vivants et
les morts ;

III. [9] et au Saint-Esprit,

[10] à la sainte Eglise,

[11] à la rémission des
péchés,
[12] à la résurrection de
la chair (1).

</td><td>

ger les vivants
et les morts ;

[9] [*Je crois*] au Saint-
Esprit,

[10] à la sainte Eglise
[*catholique*] [A LA
COMMUNION DES
SAINTS],

[11] à la rémission des
péchés,
[12] à la résurrection de
la chair,

[A LA VIE ÉTERNELLE].

</td></tr>
</table>

(1) On peut voir RUFIN, *Comment. in Symb.*, P. L.,
t. XXI, col. 339-386.

CHAPITRE VI

I. Les sentences nouvelles. — II. Les variantes verbales.

I. — *Les sentences nouvelles.*

Le « Texte reçu » a conservé le nombre traditionnel de douze articles ; il contient pourtant certaines additions ou courtes phrases qu'on peut regarder comme des membres à part et indépendants ; c'est uniquement dans ce sens que nous prenons l'expression : « sentences nouvelles », lesquelles sont au nombre de trois.

1° *Est descendu aux enfers* (art. 4). — Cette addition est attestée pour la première fois en Occident par Rufin, qui déclare en même temps qu'elle ne se trouve pas dans le Symbole romain (1) ; elle était donc une particularité du Symbole baptismal d'Aquilée ; Rufin ajoute que les Eglises d'Orient ne la connaissent pas non plus ; cela est vrai des Formules

(1) *Comment. in Symb.*, n. 18 ; P. L., t. XXI, col. 336.

orthodoxes, mais non des hétérodoxes ; la 3ᵉ Formule de Sirmium (22 mai, 359), inspirée par Marc d'Aréthuse (1), contient cette addition (2) ; l'année suivante (360), elle fut adoptée par le concile arien de Constantinople. En ce qui concerne les formules orthodoxes, cette addition se trouve dans le Symbole dit de saint Athanase (*Quicumque vult salvus esse*), et dans Pseudo-Augustin (3). — Quel est le sens de ce passage ? Nous avons là une interprétation de I Pete., III, 19-20 ; saint Irénée (4), Tertullien (5), Clément d'Alexandrie (6), Origène (7), l'ont entendu d'une descente du Christ sous terre pour y prêcher sa venue aux morts ; à cette époque en effet on pensait communément que là est leur séjour ; mais cette opinion n'a jamais fait partie du dogme catholique.

2° *La communion des saints* (art. 10). — Nicétas, évêque de Remesiana (vᵉ siècle), signale pour la première fois cette addition. Pour découvrir la raison de cette formule, il faut lire le contexte ; Nicétas s'exprime ainsi : « Après avoir confessé la bienheureuse Trinité, tu professes que tu crois la sainte

(1) Socrate, H. E., II, 30 ; P. G., t. LXVII, col. 280.

(2) Cf. Labbe, *Concilia* (Paris, 1671), t. II, col. 788-789.

(3) *Sermo CCXLIV* (restitué à saint Césaire d'Arles), n. 1 ; P. L., t. XXXIX, col. 2195.

(4) *Adv. haeres.*, IV, 27² ; P. G., t. VII, col. 1058.

(5) *De anima*, 55 ; P. L., t. II, col. 742.

(6) *Strom.*, VI, 6 ; P. G., t. IX, col. 268.

(7) *Cont. Cels.*, n. 43 ; P., G., t. XI, col. 861-865.

Eglise catholique. L'Eglise, qu'est-elle sinon la *congrégation de tous les saints*? Depuis le commencement des temps, patriarches, prophètes, apôtres, martyrs, tous les justes qui ont été, qui sont ou qui seront, sont une seule Eglise, et même les anges sont unis dans cette Eglise unique »; de là il tire la conclusion: « Crois donc que dans cette Eglise unique tu trouveras la *communion des saints*; sache que cette Eglise unique c'est l'Eglise catholique établie dans toutes les parties de la terre, dont tu dois conserver fermement la communion; il existe aussi d'autres fausses églises, mais tu n'as rien de commun avec elles » (1); il est maintenant permis de voir que la *communion des saints* est, dans la pensée de l'évêque de Remesiana, un simple commentaire de la *sainte Eglise*; ou plutôt c'en est la définition, puisqu'il venait de dire que l'Eglise n'est autre chose que « la société de tous les saints »; les membres d'une société communiquent naturellement entre eux; d'où l'affirmation de « la communion des saints ».

3° *La vie éternelle* (art. 12). — Cette formule a aussi, pour premiers témoins, les auteurs que nous venons d'énumérer (2); dans leur pensée ces mots ne sont que la suite naturelle de la formule: « résurrection

----

(1) *Explan. Symb.*, n. 10; P. L., t. LII, col. 871. Cf. aussi Pseudo-Augustin (Césaire d'Arles), *Sermo CCXLIV*, n. 1; P. L., t. XXXIX, col. 2105.

(2) Nicétas, *ibid.*; Pseudo-Augustin, *ibid.*, avec cette différence que ce dernier présente l'ordre suivant: *résurrection de la chair, rémission des péchés, vie éternelle.*

de la chair », Nicétas s'exprime ainsi : « Ils vivront avec le Christ dans le ciel, ceux qui ont vécu dans ce monde selon les préceptes et les justices du Christ ; c'est là la vie éternelle et heureuse à laquelle tu crois ; c'est le fruit de toute la foi, et de la bonne conversation : c'est l'espérance pour laquelle nous naissons, nous croyons et renaissons. Pour cette vie les prophètes, les apôtres et les martyrs ont aussi bien soutenu des travaux inextricables qu'affronté la mort avec joie. Cette vie ni le païen ne l'aura, ni le juif incrédule ne la possédera ; pas davantage le chrétien esclave des vices et des péchés ; parce qu'elle est préparée aux seuls fidèles et à ceux qui vivent dans la vertu » (1). Saint Augustin nous montre cette liaison d'une manière encore plus claire : « Comment, se demande-t-il, la *résurrection de la chair* ? De peur que quelqu'un ne pense qu'elle aura lieu comme la résurrection de Lazare, pour que tu saches qu'il n'en est pas ainsi, on a ajouté : *pour la vie éternelle*. Que Dieu vous régénère, qu'il vous préserve ; que Dieu vous conduise à Lui, qui est la vie étrennelle » (2).

II. — *Les variantes verbales.*

1° *Créateur du ciel et de la terre* (art. 1). — Cette expression a son attestation dans le *vieux Missel*

______

(1) *Ibid.*, n. 12, col. 872-873.

(2) *Sermo ad catech.*, n. 17 ; P. L., t. XL, col. 636. Saint Augustin atteste donc que les mots : *vie éternelle* ont été ajoutés pour exclure la conception millénariste de la : *résurrection de la chair* (exemple de Lazare).

gallican (1) ; c'est à propos d'un sermon prêché aux catéchumènes au moment de la « Tradition du Symbole » ; on la trouve aussi dans *l'Explication du Symbole* de Nicétas, vers 400 (2) ; cependant, en lisant attentivement le texte, on a l'impression que ces mots sont plutôt une paraphrase de Nicétas lui-même qu'une partie intégrante du Symbole ; quelques sacramentaires gallica s du viiᵉ siècle les contiennent également ; on peut donc les regarder comme l'œuvre de Nicétas, mais vulgarisée par la liturgie gallicane.

2° *A été conçu* (art. 3). — Ces mots apparaissent pour la première fois dans la formule de foi du Symbole de Rimini (359), telle qu'elle nous a été conservée par saint Jérôme en langue latine (3). Cette expression se retrouve dans ce qu'on appelle le Symbole de Damase ; ce Symbole est communément attribué à saint Jérôme et, dans certains ma-

(1) Conservé dans le *Palatinus lat.* 493 de la bibliothèque Vaticane (manuscrit du viiᵉ siècle).

(2) N. 2 ; *ibid.*, col. 867. On peut voir dans BURN, p. 255, le Symbole du Nicétas.

(3) *Adv. Lucifer.* (vers 379), n. 17 ; P. L., t. XXIII, col. 171. Le *Dictionnaire de Théologie* de VACANT, t. I, col. 1662-1663, dit : « Il est vrai que le texte grec de ce même formulaire, tel qu'il est donné par Théodoret, H. E., ii, 16, P. G., t. LXXXII, col. 1049, dit seulement » etc. ; le texte grec donné par Théodoret à cet endroit n'est pas le Formulaire de Rimini, mais celui de Niké en Thrace ; l'auteur lui-même, *ibid.*, col. 1663, revient, il est vrai, au concile arien de Niké.

nuscrits, il porte le titre de : *Lettre* ou *Foi de saint Jérôme au Pape Damase* (1). Cette distinction entre l'opération du Saint-Esprit (*a été conçu*) et celle de Marie (*est né*) a été inspirée par le souci de mettre plus en relief la personnalité propre du Saint-Esprit et la distinction des deux natures en Jésus-Christ. Le symbole de Damase nous donne un commentaire assez clair : «... et il a été conçu du Saint-Esprit, et il est né de la Vierge, il a pris la chair, l'âme et le sens (*et sensum*), c'est-à-dire l'homme parfait ; il ne perdit pas ce qu'il était, mais il commença d'être ce qu'il n'était pas ; de telle façon cependant qu'il est parfait dans les choses qui lui sont propres (*in suis* = dans la nature divine) et vrai dans les nôtres (*in nostris* = dans la nature humaine) ».

3° *Il a souffert... il est mort* (art. 4). — L'expression : « il a souffert » se trouve dans Phœbadius, évêque d'Agen, vers 392 (2), dans Victricius, évêque de Rouen, vers 400 (3), dans Pseudo-Augustin (4), dans saint Ambroise (5) et dans Priscillien ; l'expression : « il est mort » a à peu près les mêmes attesta-

____

(1) Voir le texte de ce Symbole dans BURN, p. 245-246. Ce Symbole a de très grandes analogies avec le *Quicumque* dit de saint Athanase ; ils furent tous deux cités par le 4ᵉ concile de Tolède (Espagne) de 633.

(2) *Libel. fidei* ; P. L., t. XX, col. 50.

(3) *De Laude sanctor.*, n. 4 ; P. L., xx, col. 446.

(4) *Ibid.*

(5) *In Ps.* XLVII, n. 5 ; P. L., t. XIV, col. 1148, et *passim*.

tions ; elle se trouve dans saint Ambroise (1) et
dans Pseudo-Augustin (2).

4° *De Dieu* (art. 7). — L'expression « de Dieu »
après « à la droite » se trouve dans Victricius
de Rouen (3), Fauste de Riez et Priscillien.

5° *Catholique* (art. 10). — Le mot « catholique »
après « Eglise » se trouve dans Pseudo-Augustin (4),
Nicétas (5), et Fauste de Riez (6).

On voit donc que ces additions purement complé-
mentaires se sont faites dans un espace de temps assez
délimité : dans les ıv° et v° siècles. On les constate
à peu près chez les mêmes auteurs ; comme il s'agit
d'auteurs quasi contemporains, c'est qu'il y a eu des
emprunts mutuels ; de ces différents auteurs, celui
qui a joué le rôle principal est incontestablement
Nicétas de Remesiana ; c'est un de ceux qui ont le
plus enrichi notre « Texte reçu ».

(1) *Explan. Evan. sec. Luc.*, n. 101 ; P. L., t. XV, col.
1693, et *passim*.
(2) *Ibid.*
(3) *Ibid.*
(4) *Ibid.*
(5) *Ibid.*, n. 10, col. 871.
(6) Cf. HAHN, § 32, 53, 59-62.

CHAPITRE VII

L'EXPRESSION « UNIQUE » APPLIQUÉE AU FILS

En examinant les différents Formulaires du vieux
Symbole romain, que nous avons donnés au chapitre II, nous constatons que le mot : « Unique »
(μονογενῆ) se trouve dans le Formulaire de Marcel
d'Ancyre, tandis qu'il manque à ceux de Novatien, de
Denis de Rome (1) et de Tertullien. Comment expliquer cette omission chez ces derniers auteurs ? Ici
on est évidemment dans le domaine des hypothèses ;
l'omission est d'autant plus difficile à expliquer que
cette expression est d'origine johannine (2) ; on a fait

(1) Cf. saint ATHANASE, *De decret. Nic. Syn.*, n. 26 ; P.
G., t. XXV, col. 465. — On cite aussi dans ce sens une
lettre du pape Félix (269-274) à l'évêque Maxime et au
clergé d'Alexandrie (*Diction. de théol. cath.*, t. I, col.
1666), mais HARNACK, *Geschichte der altchrist. Litter.*,
p. 659-660, regarde cette lettre comme apocryphe ; il y
voit une falsification apollinariste.
(2) JOA., I, 14, 18.

assez d'hypothèses sur ce sujet, mais la solution certaine reste encore à trouver; ce qui paraît le plus probable, c'est que dans les milieux orthodoxes on répu-
gnait à adopter cette qualification du Fils à cause des
abus qu'en avaient fait les gnostiques, notamment
ceux de l'école de Valentin ; on sait que les Gnostiques
regardaient le *Monogène* comme un éon ; pour Valentin le Sauveur (σωτήρ) ou *Jésus céleste* est un éon d'une
nature supérieure qui est descendu sur le *Christ ter-
restre* au moment de son baptême, envoyé par le Dé-
miurge ; les Valentiniens réservaient donc l'appella-
tion *Monogène* pour leur éon *Nous* (νοῦς) : « Les écri-
vains catholiques commencèrent, quoique lentement,
à réclamer ce titre ; Justin l'emploie rarement ; le
Martyre de Polycarpe le contient une fois(1) ; il est
assez fréquent dans Irénée. Ainsi il n'est pas impro-
bable que le mot prit sa place dans le vocabulaire
de l'Eglise sous forme de protestation contre l'abus
valentinien de saint Jean ; la même cause dut déci-
der de son admission au *Credo* (2) », Burn reconnaît
que cette explication suggère la raison pour laquelle
ce mot ne fut pas mentionné dans les Règles de foi
citées par Irénée, Tertullien et Novatien : les erreurs
gnostiques étaient encore survivantes, et ces auteurs
étaient effrayés de le mentionner ouvertement, de
peur de donner la main à leurs adversaires. Il conclut

(1) xx, 2. — On s'est donc un peu trop pressé de dire :
« Il est sûr que les Pères apostoliques ne l'emploient
pas ». (*Dictionnaire de Théologie*, t. I, col. 1667).
(2) Swete, *The Apostles' Creed*, p. 25.

cependant que l'apposition : « Unique » (μονογενῆ) se trouvait dans le texte original du vieux Symbole romain (1). Terminons en observant que dans le *Credo* du manuscrit de Berne (*Cod.* N. 645), du VII° ou du VIII° siècle, édité en 1895 par Bratke (2), et dans trois autres textes : *Cod. lat.* 14,508 de Munich, *Cod. Sessorianus* 52, et le *Book of Deer* (3), l'apposition « unique » est unie à « Seigneur » et non à « Fils ».

(1) *Op. cit.*, p. 63.
(2) Burn, p. 241-242.
(3) Id., p. 63.

CHAPITRE VIII

L'ARTICLE Ier DANS LE VIEUX SYMBOLE ROMAIN

Les Formulaires du vieux Symbole romain rapportés par Marcel d'Ancyre, Novatien et le pape Denis débutent ainsi : « Je crois *en Dieu* (εἰς Θεόν, *in Deum*), etc. » ; de plus, Novatien et Denis ajoutent à : « Dieu » le mot : « Père » (*Patrem*, πάτερα) : au contraire, le premier article du Formulaire de Tertullien ajoute au mot : « Dieu » le déterminatif : « un » ou : « unique » (*unum Deum* ou *unicum Deum*), et supprime le mot : « Père » ; il y a donc là une variante assez importante : d'un côté addition de : « un », « unique » contre Marcel d'Ancyre, Novatien et Denis ; de l'autre suppression de : « Père » contre Novatien et Denis. On a donc cherché à rendre compte de cette variante. Tertullien a brillé sur les confins des IIe et IIIe siècles. Zahn (1) et Dom Baumer (2) ont fait une hypothèse qui paraît assez plausible, d'autant plus plausible qu'elle cadre assez bien avec les événements historiques : ils pensent que, au début du IIIe siècle, le Symbole romain a été modifié : on y

____

(1) *Op. cit.*, p. 23-30.
(2) *Op. cit.*, p. 114-127.

aurait supprimé « un » ou « unique » et on y aurait
ajouté « Père » ; ce changement aurait été occa-
sionné par le souci d'écarter tout ce qui eût pu favo-
riser l'erreur monarchienne ; le mot « un » ou
« unique » était dans ce cas. La leçon la plus ancienne et, pourrait-on dire, la plus authentique du
vieux *Credo* romain serait celle de Tertullien.

Nous venons de dire que le milieu historique est
assez favorable à cette hypothèse. On sait en effet
que le Monarchianisme eut une certaine vogue à Rome
au commencement du III° siècle. Celui qui, à cette
époque, sous le pape Victor, donnait à Rome un enseignement monarchien est Praxéas, contre lequel Tertullien écrivit un long traité (1) ; peu de temps après un
disciple de Noët, Epigone (2), s'occupa de répandre à
Rome le Monarchianisme ; il y fonda une école dont
le principal chef, Sabellius, donna au Monarchianisme
son expression la plus franche et la plus logique en
soutenant que les Personnes en Dieu ne sont que de
simples modalités. Tertullien nous a portraituré en
quelques mots l'enseignement de Praxéas : « Il admet
un Seigneur tout puissant, créateur du monde, afin

(1) *Adv. Prax.*, ; P. L., t. II, col. 153-196. Cf. aussi
saint Irénée, *Cont. hæres.*, I, 27 ²·⁴ ; P. G., t. VII, col.
688-689.

(2) *Philosoph.*, ıx, 7 ; P. G., t. XVI³, col. 3370. — Ob-
servons pourtant que pour quelques historiens Praxéas
de Tertullien et Epigone des *Philosophoumena* sont un
seul et même personnage.

que d'un [Dieu] unique il fasse son hérésie » (1); un
peu plus loin il nous dira dans son langage fruste et
impoli : « Les simples, pour ne pas dire les imprudents
et les ignorants, qui sont toujours la plus grande partie des croyants, puisque la règle de foi elle-même
conduit de plusieurs dieux du siècle à un seul et vrai
Dieu, ne comprenant pas qu'il faut croire à un seul
[Dieu], mais avec son économie, sont effrayés par
l'économie. Ils prennent le nombre et l'ordre de la
Trinité pour la division de l'unité ; tandis que l'unité,
dérivant d'elle-même la trinité, n'est pas détruite
par elle, mais administrée, Voilà pourquoi ils nous
accusent d'annoncer deux ou trois [Dieux], et se regardent, eux, comme les adorateurs d'un seul Dieu,
comme si l'unité concentrée d'une manière dérai-
sonnable ne constituait pas une hérésie, et la trini-
nité répandue raisonnablement ne formait pas la
vérité. Nous tenons, disent-ils, la Monarchie » (2).
Une inscription chrétienne, trouvée dans le cimetière
de Callixte, à Rome, et qu'on s'accorde à dater de la
fin du IIᵉ siècle ou du commencement du IIIᵉ, paraît
viser ces agitations doctrinales; nous y lisons :
[CASSIUS A VITALIUS], QUI A CRU EN UN SEUL DIEU DANS
LA PAIX (3). Le prêtre Hippolyte fut l'implacable adversaire de l'erreur monarchienne ; quant au pape
Zéphyrin (199-217), il fit tout son possible pour
apaiser les esprits agités ; les Monarchiens lui gar-

(1) *Adv. Prax.*, c. 1 ; P. L., t. II, col. 154.
(2) *Ibid.*, c. 3, col. 157-158.
(3) [CASSIUS VITALIO] QUI IN UNY DEY CREDEDIT IN PACE.
Cf. DE ROSSI, *Bulletino di archeologia cristiana*, 1866, p.87.

dèrent rancune ; nous trouvons l'expression de cette
rancune dans l'appréciation de l'Anonyme cité par
Eusèbe (1) : « Jusqu'au temps de Victor, 13e successeur de saint Pierre sur le siège de Rome, s'était
conservée [à Rome] la vérité de la doctrine, mais à
partir de son successeur Zéphyrin la vérité s'était
corrompue ». La suppression de : « un » ou « unique » et l'addition de « Père » seraient donc dues à
l'attitude prise par l'Eglise romaine en face de l'erreur monarchienne.

Pour soutenir une pareille hypothèse on pourrait
peut-être s'appuyer sur Tertullien et saint Irénée ;
le deuxième Formulaire de Tertullien (2) se propose
d'exposer la doctrine commune à l'Eglise romaine
et aux églises africaines ; or, l'Eglise reconnaît :
« un *seul* Dieu créateur de toutes choses » (3) ; il
serait téméraire de supposer que Tertullien n'expose
pas fidèlement, dans ce passage, le symbole de
Rome à son époque ; quant à saint Irénée, il
s'accorde avec ce Formulaire de Tertullien dans
quatre endroits où il expose la foi de l'Eglise, qui
paraît être empruntée au vieux Symbole romain (4).

On voit donc, d'après ce court exposé, que l'hypo-

(1) H. E., V, 28³.
(2) Voir chap. ii, B.
(3) *Unum Deum novit creatorem universitatis* ; présence
de : « unique » et absence de : « Père ».
(4) *Adv. hæres.*, i, 22¹ ; iii, 1³ ; iii, 14² ; iv, 33¹ ; P. G.,
t. VII, col. 669, 845, 855-856, 1077. Partout présence de
« un » et absence de : « Père ».

thèse de Zahn et de Dom Baumer ne manque pas de probabilité ; et cette probabilité est d'autant plus appréciable qu'elle est fondée sur de légitimes inductions historiques. Il faut cependant dire qu'elle a été combattue par des historiens et des critiques de grande valeur ; il suffira de mentionner Msr Duchesne (1) et Ad. Harnark (2).

Nous sera-t-il permis de proposer, à notre tour, une hypothèse ? Peut-être le secret des deux mots : « unique » et « Père » doit-il être cherché dans Hippolyte qui, comme nous l'ayons déjà dit, fut à Rome même le plus intrépide adversaire du monarchianisme ; l'activité littéraire de ce brillant écrivain s'est exercée à peu près entre 200 et 235. Hippolyte écrivit un petit traité, une espèce d'Homélie contre le monarchien Noët ; un passage de cet écrit est d'un grand intérêt pour la question qui nous occupe, vu qu'il contient les deux expressions en question, bien que présentées sur un ton différent : l'une : « Père », comme faisant partie de la Profession de foi d'Hippolyte lui-même, l'autre : « un », insérée dans une explication donnée à Noët. Nous plaçons sous les yeux du lecteur la traduction de ce passage : « Plusieurs autres choses, bien plus toutes choses rendent témoignage à la vérité. Il [Noët] est donc obligé, quoiqu'il ne le veuille pas, de confesser

(1) Cf. *Bulletin critique*, t. XIV, (1893). p. 383.
(2) Cf. *Zeitschrift für Theologie und Kirche*, t. IV (1894), p. 130 et suiv.

le PÈRE Dieu tout-puissant (ὁμολογεῖν Πατέρα Θεὸν παντοκράτορα) et Jésus-Christ, Fils de Dieu, Dieu fait homme, à qui le Père a tout soumis en dehors de Lui, et l'Esprit-Saint, et qu'ils sont vraiment trois (1). S'il veut savoir comment un SEUL Dieu est démontré (πῶς εἷς Θεὸς ἀποδείκνυται), qu'il sache que sa puissance est une. Pour ce qui regarde la puissance, Dieu est UN (εἷς ἐστι Θεὸς); mais, quant à l'économie, Il se montre trine (τριχῶς ἡ ἐπίδειξις), comme il sera démontré après, lorsque nous rendrons compte de la vérité. Sur ces choses, mes frères, nous sommes d'accord. Il y a un SEUL Dieu auquel il faut croire, mais non engendré, impassible, immortel, faisant tout comme il veut, selon qu'il veut, lorsqu'il veut. Qu'osera dire contre cela Noët, lui qui ne comprend pas la vérité? Puisque Noët est déjà réfuté, venons à la démonstration de la vérité, afin que nous confirmions la vérité, contre laquelle se sont élevées tant d'hérésies, lesquelles cependant n'ont pu rien dire » (2).

Nous trouvons donc dans saint Hippolyte de Rome les deux appositions du premier article : « un » et : « Père », et cela dans un écrit dirigé contre un des représentants du Monarchianisme. Cette situation de controversiste peut, jusqu'à un certain point, nous expliquer pourquoi saint Hippolyte emploie les deux

______

(1) καὶ τούτους εἶναι οὕτως τρία. Ce dernier mot est au neutre et non au masculin (τρεῖς), pour écarter tout danger de trithéisme. — Cf. ce qui est dit ci-après au sujet de πρόσωπα.

(2) *Cont. Noet.*, n. 8 | P. G., t. X, col. 816.

expressions ; pour écarter tout soupçon de trithéisme,
que les Monarchiens faisaient facilement peser sur les
représentants de l'orthodoxie, Hippolyte déclare
expressément qu'il n'y a qu'un seul Dieu, mais en
même temps il explique comment il faut entendre
cela ; le Père, le Fils et le Saint-Esprit ne sont pas
trois dieux (τρεῖς), mais τρία, que nous pouvons
compléter par [πρόσωπα], pour rejoindre la formule
théologique : « trois Personnes ». Mais tout en maintenant l'unité de Dieu, Hippolyte a d'autre part à
écarter l'erreur monarchienne qui inclinait à faire
du Fils et du Saint-Esprit de simples modalités de
Dieu ; cette préoccupation dut le conduire à ajouter
à : « Dieu », le déterminatif : « Père ». Dieu est
Père ; mais il n'est Père qu'en tant qu'il a un Fils ;
Jésus-Christ est donc le Fils de Dieu le Père ; mais
s'il en est ainsi, Jésus-Christ ne peut plus être une
simple modalité, parce que, même parmi les hommes,
un fils est toujours un individu concret, une personne ;
on ne dira jamais qu'un père en engendrant un Fils
engendre une simple forme, une pure modalité de lui-
même. Ainsi donc par le : εἷς θεός, saint Hippolyte
écartait le trithéisme, et par : πατήρ, il barrait la route
au Monarchianisme, et maintenait ainsi dans sa pure
orthodoxie le dogme trinitaire : un Dieu en trois Personnes. De là ces expressions ne passèrent-elles pas
dans la catéchèse ecclésiastique et ne s'introduisirent-
elles pas dans les Formulaires de cette catéchèse ?
— Encore une fois, je ne prétends nullement résou-
dre le problème ; je fais une simple hypothèse ; je
suggère une idée aux historiens et aux critiques.

CHAPITRE IX

I. La légende. — II. L'histoire.

I. — La légende.

On a cru pendant longtemps et l'on croit encore communément que le Texte même du Symbole est l'œuvre des Apôtres ; cette croyance repose sur une tradition, qui a parcouru comme deux stades, car elle est allée toujours se précisant :

1° On commence par attribuer, d'une manière générale, le Texte du Symbole aux Apôtres ; au ıv° siècle (vers 400), Rufin d'Aquilée s'exprime ainsi : « Nos anciens rapportent qu'après l'Ascension du Seigneur, lorsque le Saint-Esprit se fut reposé sur chacun des Apôtres sous forme de langue de feu, afin qu'ils pussent se faire entendre en toutes les langues, ils [les Apôtres] reçurent du Seigneur l'ordre de se séparer et d'aller dans toutes les nations pour prêcher la parole de Dieu. Avant de se séparer, ils établirent en commun une Règle de la prédicati n qu'ils devaient faire, afin que, une fois séparés, ils ne fussent pas exposés à enseigner une doctrine différente à ceux qu'ils s'efforçaient d'attirer à la foi du Christ. Etant donc tous réunis et remplis de l'Esprit-Saint, ils composèrent ce court résumé de leur future prédication, mettant en commun ce que chacun pensait, et décidant que telle devrait être la Règle à donner aux croyants. Pour plusieurs raisons très justes, ils voulurent que cette règle s'appelât *Symbole* » (1). Les premiers mots : « nos anciens rapportent » montrent que cette tradition est antérieure à Rufin, bien qu'il soit impossible d'en fixer la date. L'auteur du Sermon VII sur l'*Exposition du Symbole*, qui serait saint Ambroise (Casparl et Harnack), saint Maxime de Turin ou l'un de ses disciples (Kattenbusch), qui en tout cas appartient presque sûrement au milieu italien, est aussi affirmatif que Rufin : « Les saints Apôtres, dit-il, s'étant réunis, rédigèrent un Abrégé de la Foi, qui contient toute la substance de la Foi » ; et plus loin : « S'il est défendu de rien retrancher aux écrits d'un seul Apôtre, comment souillerons-nous le *Symbole* que nous avons reçu des Apôtres et qui a été composé par eux ? » (2). Cette croyance s'infiltra de plus en plus dans le courant de la tradition, et eut des représentants dans les siècles postérieurs ; qu'il nous

(1) *Comment. in Symb. Apost.*, n. 2 ; P. L., t. XXI, col. 337.

(2) P. L., t. LVII, col. 855, 856.

suffise de mentionner : au ve siècle, Cassien (1) et
saint Maxime de Turin (2) ; au viie siècle, saint Isi-
dore de Séville (3), et saint Ildefonse de Tolède (4).
A partir de ce moment on peut dire que cette
croyance devient commune parmi les chrétiens (5).

2° On analyse la composition et l'on fait la
part de chaque Apôtre ; on enseigne donc que chaque
Apôtre a rédigé l'un des douze articles du Symbole.
Le représentant le plus ancien de cette idée est
Pseudo-Augustin, qui nous présente la distribution
suivante :

PIERRE : [1] « Je crois en Dieu, le Père tout-puis-
    sant ».

ANDRÉE : [2] « Et en Jésus-Christ, son Fils Unique » ;

JACQUES : [3] « qui a été conçu du Saint-Esprit, est
    né de la Vierge Marie » ;

JEAN : [4] « a souffert sous Ponce Pilate, etc. » ;

THOMAS : [5] « est descendu aux enfers » ;

JACQUES : [6] « est monté aux cieux » ;

PHILIPPE : [7] « d'où il viendra juger les vivants et
    les morts ».

(1) *De Incarnat. Domini*, vi, 3 ; P. L., t. L, col. 147-
149.

(2) *Homil. LXXXIII* sur la *Tradition du Symbole* ; P. L.,
t. LVII, col. 433.

(3) *De eccles. Officiis*, ii, 23 ; P. L., t. LXXXIII, col·
815-817.

(4) *De Cognit. Baptismi*, 32 ; P. L., t. XCVI, col. 126.

(5) Cf. aussi ALCUIN (?), *Disput. puerorum*, 11 ; P. L.,
t. CI, col. 1138 ; RABAN MAUR, *De Cleric. Institut.*, ii, 56 ;
P. L., t. CVII, col. 368-369.

BARTHOLOMÉE : [8] « Je crois au Saint-Esprit » ;
MATTHIEU : [9] « à la sainte Eglise catholique » ;
SIMON : [10] « à la rémission des péchés » ;
THADDÉE : [11] « à la résurrection de la chair » ;
MATTHIAS : [12] « à la vie éternelle » (1) ;

II. — *L'histoire.*

La critique historique rejette cette opinion et la
théologie n'a rien à objecter (2). On s'appuie sur les
raisons suivantes : 1° Le mot *Symbole ;* nous venons
de voir que les auteurs qui attribuent la rédaction
aux Apôtres, déclarent que les Apôtres mêmes don-
nèrent au Formulaire le nom de *Symbole ;* or, Harnack, qui a dépouillé avec le plus grand soin la
littérature chrétienne des deux premiers siècles, n'y
a jamais trouvé ce mot ; les écrits de cette époque
nous parlent de « règle de foi » (*regula fidei*), de
« doctrine » (*doctrina*), de « tradition » (*traditio*), de
« tessère » (*tessera*) ; quant au mot « Symbole », ils
ne l'emploient jamais ; ce mot apparaît pour la
première fois dans saint Cyprien, avec une signification analogue à celle d'aujourd'hui ; il désigne la
formule trinitaire du Baptême, d'où est sorti le

(1) *Sermo CCXL* (probablement du VIe siècle); P. L.,
t. XXXIX, col. 2189. — Cf. aussi ID., *Sermo CCXLI* (de
la même époque) ; *ibid.*, col. 2190 ; saint PIRMIN, *De
sing. libr. canon. Scarapsus* ; P. L., t. LXXXIX, col. 1034,
où la distribution des articles varie.

(2) Cf. MAZZELLA *De virtutibus infusis* (Rome, 1879),
p. 323-324 ; VACANT, *Dictionnaire de théologie catholique,*
t. I, col. 1670-1680.

Symbole des Apôtres ; l'évêque de Carthage, parlant du baptême conféré par une femme, s'exprime ainsi : « Que dirons-nous de son baptême, par lequel le démon très méchant a baptisé par une femme ? Est-ce qu'Etienne et ceux qui pensent comme lui approuvent [ce baptême] auquel ne manque ni le *Symbole de la Trinité*, ni l'interrogation légitime et ecclésiastique ? » (1). Quant à l'expression « Symbole des Apôtres » (*Symbolum Apostolorum*), elle est employée pour la première fois dans l'Epître du concile de Milan au pape Sirice (384-399) (2). De tout cela on peut conclure que le mot « Symbole » n'est pas d'origine apostolique ; c'est un premier point où la tradition est prise en défaut.

2° La simple *composition* elle-même n'est pas soutenable au point de vue critique. L'histoire généalogique du Symbole que nous venons de reconstituer, nous a montré qu'un certain nombre d'additions ont été faites en diverses contrées et à diverses époques au noyau primitif ; il est donc évident que notre texte actuel ne remonte pas aux Apôtres ; cette raison est décisive par elle-même. Ajoutons quelques autres remarques : la tradition qui assigne aux Apôtres la composition du Symbole est relativement récente ; les documents écrits, qui la consignent, commencent avec Rufin vers la fin du IV° siècle ; en admettant qu'elle re-

(1) *Epist. ad Magnum* ; P. L., t. III., col. 1213.
(2) *Epist. XLII*, 5 (parmi les Epîtres de saint Ambroise) ; P. L., t. XVI, col. 1125.

monte plus haut, comme le laissent entendre les paroles de Rufin : « nos ancêtres rapportent », on pourrait vraisemblablement atteindre au commencement du iv° siècle; avant cette époque cette tradition est inconnue; même à l'époque de Rufin elle n'est pas universelle; toutes les Eglise orientales l'ignorent; en Occident, saint Augustin ne la connait pas non plus ou la rejette ; en parlant du Symbole il dit : « Les paroles que vous avez entendues sont répandues dans les saintes Écritures, d'où on les a recueillies et réunies ensemble » (1); ce passage du grand Docteur est en opposition avec le récit de Rufin. — De plus, si le Symbole eût été composé par les Apôtres, comment expliquer qu'il n'ait pas été mis au nombre des écrits canoniques, qu'il n'ait pas été adopté dans toutes les Eg'ises, et qu'il ait subi des variations dans diverses Eglises? On ne se serait jamais permis de changer en quoi que ce soit ce que l'on croyait provenir des Apôtres. — Ajoutons que la *Didachè* parle du baptême et de la préparation qu'il exige (2); aucun mot du Symbole, ce qui est inintelligible dans l'hypothèse de Rufin.

On peut aussi faire valoir une dernière raison que j'ai proposée il y a quelque temps (3); il est permis de supposer que cette attribution rédactionnelle est l'effet d'une simple coïncidence; on a dû remarquer que

(1) *De Symb. ad Catech.*, I, 1 ; P. L., t. XL, col. 627.
(2) VII.
(3) *Revue du clergé français*, 1er février 1902, p. 819

le Symbole baptismal de Rome se compose de douze articles. Pourquoi ce nombre? On dut être porté à penser que le Symbole contient douze articles parce qu'il fut composé par douze Apôtres. Ce que je donnais comme une simple conjecture, je l'ai trouvé depuis, affirmé par l'auteur de *l'Exposition du Symbole*: « De même, dit-il, qu'il y a douze Apôtres, ainsi il y a douze articles [du Symbole] (1) ».

Concluons donc : « En résumé, la thèse que nous combattons manque de base; elle est purement gratuite. D'autre part, les variations que le texte du Symbole a subies, le silence de la *Didachè* et de toute l'antiquité, la manière dont les auteurs inspirés et les Pères apostoliques expriment certaines idées du *Credo*, le fait que ce formulaire stéréotypé n'est guère en harmonie avec l'état de la société chrétienne aux premiers jours de son existence, tout cela indique plutôt que It [le Texte romain] n'est pas l'œuvre des apôtres rassemblés à Jérusalem. C'est pourquoi nous n'hésitons pas à qualifier de légendaire le récit de Rufin » (2).

(1) P. L., t. LVII, col. 856.
(2) G. VOISIN, *ibid.*, p. 310.

CONCLUSION

Le Symbole que les fidèles récitent chaque jour
n'est donc, à quelques légères variantes près, que le
vieux Symbole romain, celui qu'on enseignait dans
les ténèbres des catacombes aux néophytes et que ces
derniers répétaient solennellement avant la réception
du baptême; d'autre part, le vieux Texte romain n'est
qu'un simple développement de la formule baptismale que les Apôtres reçurent du Sauveur lui-même
et qu'ils devaient appliquer partout où l'Eglise nais-
sante aurait de nouveaux membres à s'incorporer;
il n'est en définitive que l'épanouissement spontané
d'une tige plantée sur cette terre par le divin Maître.
Nous remontons ainsi des temps actuels au berceau
de l'Eglise romaine, et de ce berceau à Jésus-Christ.
Aux protestants qui déclarent impossible tout développement dogmatique au sein de l'Eglise catholique, à ceux des nôtres que ce mot trouble et in-
quiète parce qu'il paraît susciter l'idée d'une rupture
avec l'Eglise des Apôtres, et d'un manque de con-
tinuité dans le courant doctrinal, on peut répondre
avec assurance: Le Symbole, qui est la synthèse
du patrimoine doctrinal du Christianisme, est la
preuve la plus frappante du développement dogmatique; Jésus-Christ a déposé le germe au sein de son
Eglise; ce germe s'est développé dans des condi-

tions absolument normales et ce phénomène suffit à
réduire à néant les injustes accusations du protestan-
tisme; mais, en se développant, le germe est resté
identique à lui-même, et cette loi évolutive doit
suffire à calmer les consciences troublées et à convaincre les catholiques que la substance de notre
foi est la même que celle des Apôtres et que la
Charte de nos croyances n'a été, dans le cours des
âges, ni révisée ni réformée. Nous avons pu nous
persuader aussi, au cours de cette étude, qu'on a
fait quelques légères additions au noyau primitif
romain; ce n'est pas là l'œuvre d'une Eglise particulière; c'est l'œuvre de presque toutes les Eglises,
une tâche collective; presque toutes les Eglises y
ont coopéré: la Gaule, l'Afrique, l'Espagne, la Dacie,
y ont pris part. L'Eglise mère avait posé, avec les
premiers matériaux évangéliques, les bases de l'édi-
fice; chaque Eglise particulière a tenu à apporter sa
pierre plus ou moins importante; on peut dire en
un sens que le Symbole est catholique dans son
origine, comme toutes les Institutions qui viennent
de Jésus-Christ, et dans sa structure qui n'a reçu sa
forme définitive que du concours des diverses
Eglises. Notre Profession de foi est catholique dans
le sens strict du mot, et lorsqu'un chrétien quel-
conque récite le Symbole, il prononce une Formule
dont Jésus-Christ a donné comme le Canevas, que
Rome a développée, que les diverses Eglises ont
légèrement amplifiée et à laquelle nos ancêtres ont
ajouté quelques explications qui ne sont pas inutiles.

BIBLIOGRAPHIE (1)

S. Baumer : *Das apostolische Glaubensbekenntniss, seine Geschichte und seine Inhalt*, Mayence, 1893.

Blume : *Das apostolische Glaubensbekenntniss*, Fribourg-en-Brisgau, 1893.

*A. E. Burn : *An Introduction to the Creeds*, Londres, 1899.

Id. : *The Textus receptus of the Apostles' Creed*, dans *The Journal of Theological Studies*, Juillet, 1902.

* Caspari : *Ungedruckte und wenig beachtete Quellen zur Geschichte des Taufsymbols, und der Glaubensregel*, Christiania, 1866, 1869, 1875.

Id. : *Alte und neue Quellen zur Geschichte des Taufsymbols, und der Glaubensregel*, Christiania, 1879.

Id. : *Kirchenhistorische Anecdota*, Christiania, 1883.

B. Doerholt : *Das Taufsymbolum der alten Kirche*, Ire Part., Paderborn, 1898.

A. Ehrhard : *Die altchristliche Litteratur und ihre Erforschung von 1894-1900*, Fribourg-en-Brisgau, 1900, t. I, p. 490-521.

G. Fouard : *Saint Pierre et les premières années du Christianisme*, 5e édit., Paris, 1896.

Fourgez : *Le Symbole des apôtres exposé et défendu*, 3e édit., Paris, 1869.

* Hahn : *Bibliothek der Symbole und Glaubensregeln der alten Kirche*, Breslau, 1877, 1897.

(1) Les noms marqués d'un * sont protestants.

* AD. HARNACK : *Das apostolische Glaubensbekenntniss,* 22° édit., Berlin, 1892.

ID. : *Apostolisches Symbolum,* dans *Realencyclopädie für prot. Theologie,* 3° édit., t. I. p. 753.

* F. KATTENBUSCH : *Das apostolische Symbol,* Leipzig, 1894-1900.

KRAWUTZKY : *Das apostolische Glaubensbekenntniss,* Breslau, 1872.

* KUNZE : *Glaubensregel, Heilige Schrift und Taufbekenntniss,* Leipzig, 1899.

* MICHEL NICOLAS : *Le Symbole des apôtres,* Paris, 1867

* SANDAY : *Recent research on the origin of the Creed,* dans *The Journal of Theological Studies,* Octobre 1899.

ID. : *Further research on the history of the Creed.,* ibid., Octobre 1901.

G. SEMERIA : *Dogma, Gerarchia e Culto,* Rome, 1902.

* T. ZAHN : *Das apostolische Symbolum,* Erlangen et Leipzig, 1893.

TABLE DES MATIÈRES

FIN DE LA TABLE

Saint-Amand (Cher). — Imprimerie BUSSIÈRE.